THÈSE

POUR

LA LICENCE

Rouënel.

FACULTÉ DE DROIT.

THÈSE POUR LA LICENCE

JUS ROMANUM..... — De donationibus inter vivos (Frag. Vaticana, 266-316; Justiniani Institutiones, lib. II, tit. VII; Digestum, lib. XXXIX, 5; Codex, lib. VIII, tit. 54.)

DROIT FRANÇAIS... — (Code civil). De la forme des donations et testaments, art. 931 à 942, 967-1001.

Cette Thèse sera soutenue le mercredi 16 août 1871

A DEUX HEURES DU SOIR

Par M. ROUËNEL (Adolphe-Charles-Marie)

Né à Dol-de-Bretagne (Ille-et-Vilaine), le 20 décembre 1850.

EXAMINATEURS :

MM. BODIN, doyen ; EON, professeur ; MARIE et GUÉRARD, agrégés, chargés de cours.

RENNES,

T. HAUVESPRE, IMPRIMEUR-LIBRAIRE

4, rue Nationale, et rue de Viarmes, 15.

1871

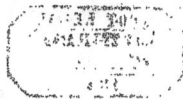

A MON GRAND-PÈRE

A CEUX QUI M'AIMENT

A LA MÉMOIRE

De CEUX qui ne sont plus et qui m'ont tant aimé!

Rennes, le 16 août 1874.

AD. ROUËNEL.

JUS ROMANUM

DE DONATIONIBUS INTER VIVOS.

PROŒMIUM

Ait Justinianus (lib. II, tit. VII, Inst.) Donationum sunt duo ge-
nera, mortis causa et non mortis causa. Primum in § 1 mortis causa
definitur, dein, in § 2, inter vivos donatio. In hoc opere tantum no-
bis de inter vivos donatione tractandum erit.

CAPUT PRIMUM

De natura inter vivos donationum.

Donatio, quam inter vivos dicimus, est liberalitas in accipientem, nullo jure cogente et sine ullo ad mortem respectu collata, ea intentione ut statim accipientis fiat, nec ullo eventu ad donatorem reverti possit, nisi in quibusdam casibus a lege, vel conventione determinatis.

Cum ex substantia donationis sit, ut ex sola liberalitatis causa fiat, patet : 1° Illud hujus naturæ omnino adversari, ut donator donando aliqua se obligatione liberet ; 2° pariter extra causam donationis est si donatarius ex donatione obligetur.

Oportet etiam ut donatarius locupletior, donator re familiari imbecillior fiat ex donatione, et quidem donator hoc agat animo donandi ; nam nec ignorans nec invitus quisquam donat.

In aliquem vero potes liberalitate uti, nec tamen donationem facere : itaque Labeo scribit extra causam donationum esse, si tibi adfuero, si satis pro te dedero, si qualibet in re opera vel gratia mea usus fueris.

Donatio pura esse potest, vel sub conditione facta. Pura quidem dicitur donatio qua quis ea mente dat ut statim velit accipientis fieri nec ullo casu ad se reverti : donatio autem dicitur sub conditione facta qua quis ea mente dat ut tunc demum accipientis fiat quum aliquid secutum fuerit, exempli causa, si navis ex Asia venerit.

Si tamen facta fuisset donatio actis legitimis, sub conditione facta fuisse non potuisset. Donatarius enim de re donata dicere nequit : « Hoc meum est. » Tunc nihil juris habet, nisi futurum.

Donatio pura, quæ sub conditione resolvitur, conditionaliter facta quoque dicitur.

Vera quidem donatio est ea quæ sub conditione suspenditur, vel sub conditione resolvenda est, quia liberalitati non obstant hujuscemodi conditiones.

Hæc autem donatio qua tibi fundum Cornelianum dono dedi, si Seius vivit, sub conditione non est, sed pura, quia in præsens confertur : item si in præteritum, velut si navis ex Asia venit.

Denique donatio sub modo facta dicitur, quum donator donatario leges dandi faciendi imposuit ; his, quamvis a natura donationum abhorreant, donatarius obligatur, quasi ex altera negotii specie quæ donationi miscetur.

CAPUT SECUNDUM

De mutuo consensu.

Ut donatio conficiatur maxime requiritur donatoris et donatarii consensus. Itaque nec ignorans nec invitus quisquam donat, et, alia de parte, non potest liberalitas nolenti nec ignoranti adquiri.

Attamen mihi ignoranti adquiritur, si, quid mihi donaturus, des personis quæ in mea potestate versentur.

Ad donationem perficiendam consensus donatoris et donatarii vel tacitus sufficit.

Debeo autem Titio centum : non solvo, pro me nolente solvis. Mihi etiam nolenti liberalitas adquiritur.

CAPUT TERTIUM

De solemnitatibus ad formam donationum requisitis, præsertimque de insinuatione.

Etsi e natura jus donandi oriatur, attamen ne insidiis circumdatus donator facilius dono det, a legibus et divorum imperatorum constitutionibus ad formam donationum variæ requiruntur solemnitates.

Primum similis erat forma donatio aliorum modorum quibus tradebatur dominium, ideoque perficiebatur quum donator suam voluntatem scriptis aut sine scriptis manifestasset. Verum autem præter consensum, naturali ratione desideratum, lex Cincia (anno 550 ab urbe condita) id requirit, ut solemnis mancipatio interveniat, si res donata sit mancipi, si autem res sit nec mancipi, traditio requiritur.

Cæterum donator non ipsimet cui donare vult, sed etiam interpositæ personæ, rem mancipare vel tradere potest: nam etiam *per interpositam personam donatio consummari potest*. (L. 4, Paul, lib. 17 *ad Sabin.*)

At donationes inter parentes et liberos nuda voluntate fieri possunt.

Statuit postea Constantinus ut solemnibus formis ad donationem opus esset, scilicet ut in scriptis fieret donatio adstantibus plurimis testibus. Quum res donata traderetur, necesse erat ut testes advocarentur, et donatio vel ante, vel post traditionem, apud acta magistratuum scriberetur: hoc *insinuatio* vocabatur.

Nec Constantinus primus insinuationis necessitatem decreverat; ait enim ipse: pater noster nullam voluit liberalitatem valere, nisi actis inserta. Ex his Constantini legibus, omnes donationes quæ non insinuabantur, inanes omnino erant. Et apud tabularia domicilii donatoris, et apud tabularia loci ubi res donata versaretur insinuandæ erant.

Brevi Honorius Theodosiusque donationes alibi insinuari permiserunt, remiseruntque corporalis necessitatem traditionis.

Probaverunt autem donationem sine scriptis factam Theodosius Valentinianusque quum traditio insinuatioque factæ essent.

Imo necessitatem adhibendorum testium et vicinorum remisit Zeno, quum donatio insinuata fuerit.

Justinianus amplius progressus est constituitque ut donatio ex nuda conventione, sine scriptis et testibus valeret. Verum jure Justinianeo, una solemnitas observanda est, donationum in actis publicis insinuatio ; sed quasdam donationes huic eripuit necessitati, quæ non majores quingentorum solidorum fuere, vel quæ imperatori ab imperatore oblatæ, vel quæ captivorum redimendorum gratia factæ sunt, aut ad ædium incendio absumptarum refectionem, etc. Jam Theodosius antea exceperat donationes in quibus id quod donaretur, non excederet ducentos solidos.

CAPUT QUARTUM

1° Quibus donare licet.

Omnes donare possunt quibus non interdictum est; impedimenta autem seu a defectu consilii, seu a personæ conditione, seu crimine oriuntur.

A defectu consilii : mente captus donare non potest.

A personarum conditione : filiusfamilias enim donare non potest : si autem patris jussu aut voluntate donavit, perinde est ac si pater ipse donaverit. Quod si pater, Titio donaturus pecuniam, jusserit eam filium promittere, intererit scire an debitor filius patri suo fuerit, necne. Nam, si tantumdem filius patri debuit, quantum promisit, valere donatio intelligitur, perinde ac si quemlibet alium debitorem pater jussisset pecuniam promittere.

Item pupillus et pupilla, mulier sub tutoris auctoritate, nil sine tutoris auctoritate dono dare possunt.

Lege duodecim tabularum prodigus administratione bonorum suorum interdicitur, et a fortiori, nisi praesente curatore, quidquam donare nequit.

A crimine. Post contractum capitale crimen, quum bonorum publicatione afficit nocentem, donatio facta, nullius momenti est.

2° Quibus donari possit.

Donatarius is esse potest, qui dominium habere potest, dum intelligat quid agat. Primum impubes et infans tutore non praesente donationem non accipere poterant : postea autem soli rei donatae possessionem adquirunt. Peregrini per donationem fundum acquirere Italicum per donationem nequeunt.

Sunt et judices et caeteri provinciae magistratus a quibus multae leges nullam donationem accipi jubent; verum si donator per quinque annos nil agit, valet tamen donatio.

A conjuge conjugi etiam donari non potest.

Absenti potes donare, sive aliquem mittas qui ferat, sive habere sibi jubeas id quod jam tenet : si autem rem non tanquam donatam accipit, donatarius non est.

CAPUT QUINTUM

Quid donari possit.

Donari possunt res quæ nunc sunt in commercio, sive corporales, sive incorporales, ex quavis origine ad donatorem pervenerint.

Hinc Diocletianus et Maximianus : « Si avia vestra proprias res quacumque ratione factas, titulo liberalitatis in eum contra quem preces funditis, contulit : quominus hæc rata maneant, quod ex origine patris vel avi vestri descendunt ; nihil prodest. »

In ædibus alienis habitare donatio videtur ; id enim capit qui habitat, quod nullam pro habitatione mercedem solvit. Si autem per tempus indeterminatum habitatio donatur, oportet ut per illud temporis quandiu donator vixerit donata esse videatur.

Mera quidem spes donari potest.

CAPUT SEXTUM

Quantum donari possit.

In principio apud Romanos rarissimæ fuerunt donationes ; donator omnia bona sua donare poterat. Sed postea, ob frequentiam, leges eas refrenaverunt.

Lex Cincia intra certum modum (forte dodrantem bonorum) donare prohibet, exceptis quibusdam cognatis (usque ad sobrinos ?)

Si plus donatum fuerit, donatio non rescindetur et intra legitimum modum valebit : pro eo quod excedit, si traditio secuta erit, hujus condictio dabitur.

Dicit Pomponius fructus non augere liberalitatem ideoque nomine donationis non computari; si tamen nihil nisi fructus donaretur, in donationis computationem venerent.

In quibusdam tamen donationibus, non observanda erat lex Cincia, scilicet si creditor futuri temporis usuras remittit, si facta est donatio ei qui donatorem a latrunculis vel hostibus eripuerat. Item tutores omnia bona sua pupillis donare possunt, quia semper tutores quasi parentes pupillorum fuerunt.

CAPUT SEPTIMUM

De donationum revocatione.

Primum ex causa ingrati animi revocantur donationes : Ingratitudo erit, ait Justinianus, 1° si donatarius injurias atroces in donatorem effuderit :

Si manus impias infert :.

Si jacturæ molem ex insidiis ingerit suis ; quæ non levem sensum substantiæ donatoris imponit :

Si vitæ periculum aliquod ei intulit :

Si quasdam conventiones, sive in scriptis, sive sine scriptis habitas minime implere voluerit.

Constantinus et Constantius dixerunt : « Hoc jus revocandi donatio-
» nes ex causa ingratitudinis, non porrigi ad ea quæ ante cæptum
» jurgium alienat donatarius; nec heredi donatoris, nec in heredem
» donatarii competere. »

Si vero libertis, patronus filios non hahens, bona omnia vel partem aliquam facultatum fuerit donatione largitus, et postea susceperit liberos; totum quidquid largitus fuerat, revertatur in ejusdem donatoris arbitrio ac ditione mansurum.

Donationes autem nunquam ex sola pœnitentia revocantur.

DROIT FRANÇAIS

CODE CIVIL.

DE LA FORME DES DONATIONS ET TESTAMENTS

INOTIONS GÉNÉRALES

Dans les contrats à titre onéreux, l'homme est défendu par son intérêt particulier, protégé par sa raison contre l'abus insensé qu'il pour
rait faire de sa chose; mais quand il s'agit du droit de donner ses
biens, l'homme peut être entouré de tant de séductions, ou de tant
d'obsessions de la part des tiers intéressés, que le législateur a du se
montrer prévoyant et prescrire des formes pour que la volonté du
bienfaiteur fût certaine. La loi a préféré la société à l'homme, et, dans
l'intérêt des familles, a limité l'effet des libéralités.

Avant d'aborder l'étude de la matière, nous allons jeter un rapide coup d'œil sur la marche de la législation au sujet des donations et testaments dans notre ancien droit français, nous réservant d'ailleur s, quand nous aurons à traiter les questions spéciales relatives à la forme des donations et testaments, d'exposer plus à fond l'état antérieur de la législation.

HISTORIQUE

Dans les pays de droit écrit, les lois romaines étaient généralement suivies ; mais dans les pays coutumiers les principes différaient sur des points importants.

Conserver les biens dans les familles, empêcher le morcellement de la propriété foncière, tel était l'esprit général du droit coutumier. De là de nombreuses conséquences ; ainsi dans la plupart des coutumes, fallait-il être plus âgé pour tester de ses propres que de ses acquêts, et dans certaines de ses immeubles que de ses meubles ; l'institution d'héritier était impossible en pays coutumier ; l'héritier institué n'était à vrai dire qu'un légataire universel, puisqu'il lui fallait demander la délivrance à l'héritier du sang que la seule force de la loi saisissait de la succession.

Cette différence de principes fit aussi sentir son influence sur les formes. En effet, dans les pays de coutumes, les formalités des testaments et des codicilles étaient les mêmes, les uns et les autres ne pouvant faire que des légataires et non plus de véritables héritiers. Le testament mystique fut rejeté et le testament olographe fut employé généralement.

L'esprit des coutumes sur la conservation des biens modifia aussi les règles qui régissaient les donations. On ne pouvait généralement donner à cause de mort que dans le cas où les testaments étaient permis et dans les mêmes formes. Les donations entre vifs avaient été admises par les coutumes; mais seulement on recherchait l'intention du donateur. La légitime, établie par le droit romain, maintenue par le droit écrit, avait été adoptée par le droit coutumier ; mais elle n'était pas partout la même. Il y avait encore une autre institution, les réserves coutumières, qui était propre au droit français ; ce n'est plus comme la légitime une part dans les biens, mais bien une succession déférée par la loi. L'institution contractuelle ou convention de transmettre sa succession à une personne déterminée est encore propre au droit français, tandis que les substitutions fidéicommissaires, introduites dans notre ancien droit, avaient été tirées du droit romain.

Dans les pays de droit écrit, la faculté de donner, quant aux époux entre eux, était réglée par le droit romain. Dans les pays coutumiers, l'esprit général de la législation était de défendre, pendant le mariage, tous avantages directs ou indirects entre époux, tout en permettant le don mutuel entre mari et femme. Nous trouvons encore parmi les dispositions gratuites les partages d'ascendant, de droit commun dans les pays de droit écrit, d'exception dans les pays de coutumes, et encore dans ceux-ci la démission de biens, abandonnement général des biens aux héritiers présomptifs . . . .

Jusqu'au dix-huitième siècle, l'influence des coutumes n'avait pas permis aux rois de France d'embrasser le système complet des dispositions à titre gratuit. Cependant, avant cette époque, on peut trouver quelques dispositions générales pour réprimer les abus. Ainsi l'art. 131 de l'ordonnance d'août 1539 et la déclaration du mois de février 1549 déclarent nulles « toutes dispositions entre vifs ou tes-
» tamentaires faites par les donateurs ou testateurs au profit de leurs
» tuteurs, curateurs, gardiens, baillistres, et autres leurs administra-
» teurs, et celles qui frauduleusement seraient faites durant le temps
» de la dite administration à personnes interposées. » Ces dispositions se trouvent reproduites dans les art. 907 et 911 du Code civil ; la jurisprudence les avait étendues aux médecins et aux prêtres, ce dont l'art. 909 a fait une loi. Je citerai encore l'édit des secondes noces de

François II (15 juillet 1560) imité du droit romain et reproduit pres-
que en entier par l'art. 1098 du Code civil.

La formalité de l'insinuation, empruntée au dernier état du droit romain, avait été introduite dans notre ancienne législation à partir de
1539 par diverses ordonnances dont les plus importantes sont celles
du 25 juin 1729 et 17 février 1731, cette dernière due à D'Aguesseau
ainsi que les ordonnances des testaments, août 1735 et des substitutions, août 1747. Nous aurons d'ailleurs à nous occuper de l'ordonnance de 1731 en comparant l'insinuation dont les formes ont été ré-
glementées par cette ordonnance avec le système de transcription
établi par la loi du 11 brumaire, an VII, et celui que la loi du 28 ventôse, an XII, a définitivement consacré.

Cet aperçu historique des variations de notre législation étant donné,
nous allons aborder l'étude de la matière qui nous occupe.

DE LA FORME DES DONATIONS

CHAPITRE PREMIER

Des Conditions de Forme.

1° Des donations ordinaires;

2° Des donations faites par contrat de mariage aux époux et aux
enfants à naître des époux;

3° Des donations entre époux, soit par contrat de mariage, soit
pendant le mariage.

SECTION PREMIÈRE.

La forme des donations est réglée par les art. 931 et suivants.

L'art. 931 est relatif à l'acte qui contient la donation.

Les art. 932 à 937 s'occupent de la forme de l'acceptation et des personnes par qui elle peut être faite.

Les art. 938 à 942 règlent les effets de l'acceptation et la question de la transcription.

Ajoutons l'art. 948 qui dispose que les donations d'effets mobiliers doivent être accompagnées d'un état estimatif.

§ I.

De l'acte qui contient la donation.

La donation est un contrat solennel. Cela est vrai. En général, le seul consentement fait naître l'obligation ; le contrat de vente existe indépendamment de toute tradition et écriture ; on pourra rédiger un acte, mais ce sera seulement pour constater la convention. Il en est tout autrement quand il s'agit de donations.: le consentement ne suffit pas ; un écrit est nécessaire : dix personnes sont là, vous me donnez votre immeuble A ; en suis-je devenu propriétaire? Non. Vous rédigez un écrit constatant la donation ; j'accepte, nous signons : suis-je devenu propriétaire ? Non encore! Il faut nécessairement que l'acte qui contient la donation soit un acte authentique et rédigé en minute, art. 931. Cet article n'est pas irréprochable ; il parle de contrat, c'est inexact, c'est acte qu'il fallait dire. Quelle est donc, au juste, la forme dans laquelle doivent être passées les donations ?

D'après l'art. 9 de la loi du 25 ventôse, an XI. les actes notariés doivent être reçus par un notaire assisté d'un autre notaire ou de deux témoins ; par conséquent, le second notaire ou les deux témoins doivent être présents non-seulement au moment de la signature, mais encore pendant la passation de l'acte. Dans les années qui suivirent, le notaire rédacteur dressait acte de la convention des parties, envoyait l'écrit à un confrère ou le portait à signer à deux de ses voisins. Les héritiers frustrés réclamèrent ; des tribunaux prononcèrent la nullité de la donation. La Cour suprême, en 1841, consacra cette jurisprudence ; grand émoi, tous les actes passés depuis 1804 allaient donc être infirmés ! Le gouvernement entre dans le débat, saisit les chambres d'un projet de loi (1), dont l'art. 1er déclarait valables tous actes faits au mépris de l'art. 9 de la loi du 25 ventôse, an XI. L'art. 2 dispose qu'à l'avenir les donations pourront être écrites en l'absence du second notaire ou des deux témoins ; mais que leur présence sera exigée lors de la lecture aux parties et de la signature.

Mêmes formalités sont exigées pour les donations entre époux, les révocations de donations et testaments et procurations y relatives.

D'après l'art. 3, tous les autres actes peuvent être passés dans la forme usitée jusqu'alors, c'est-à-dire qu'il suffit de les envoyer à la signature.

Les donations entre vifs doivent donc être passées dans la forme authentique. Est-il possible de justifier cette exigence. Oui, sans doute, le législateur de 1843, s'inspirant des idées qui avaient prévalu dans l'ancien droit, a pensé que la présence du notaire suffirait peut-être pour réduire à néant les suggestions et captations dont la cupidité des tiers et du donataire pourrait assaillir l'esprit trop docile du donateur. Le principe d'irrévocabilité trouve aussi sa garantie dans l'authenticité.

(1) Loi du 21 juin 1843, sur la forme des actes notariés.

Une donation est faite par acte sous-seing privé, en brevet : le donateur déchire l'écrit, la libéralité disparaît. Ce danger n'est plus à craindre s'il s'agit d'un acte notarié, rédigé en minute. L'écrit originaire, on le retrouvera toujours dans l'étude de l'officier public.

Faut-il, à ce principe, apporter quelques exceptions ? Oui.

1° Un don manuel n'est pas soumis à l'authenticité ; il s'effectue par la tradition, le donataire est saisi par son seul effet, le principe est sauf.

2° S'agit-il de donation faite au profit d'un tiers comme condition d'un contrat à titre onéreux que l'on fait pour soi-même? La solennité n'est pas de rigueur ; un acte sous-seing privé est pleinement suffisant. Pourquoi? Parce que l'accessoire suit le sort du principal : *Accessorium sequitur principale*. Le contrat est au fond à titre onéreux, une clause accessoire ne saurait en changer le caractère.

3° S'agit-il d'une renonciation *in favorem?* Un usufruitier, par exemple, fait-il abandon de son droit au nu-propriétaire? Un créancier fait-il remise de sa dette à un débiteur? L'acte authentique n'est pas nécessaire, parce que la loi est favorable aux libérations.

4° Une donation intervient-elle dans un contrat à titre onéreux, l'acte authentique n'est pas indispensable. Un immeuble vaut 60,000 fr., vous me le vendez 40,000 ; en fait, vous me donnez 20,000 fr. La forme privée suffit ; le principal est la vente, l'accessoire la donation.

Mais voici où la question change de face ; on se dit vendeur, on se dit acheteur ; en réalité pas un centime n'est payé. Le contrat est-il valable? En d'autres termes, la donation déguisée sous la forme d'un contrat à titre onéreux doit-elle être maintenue? — Oui, dit-on, et l'on invoque le droit romain L. XXXVI *au Digeste*, livre XVIII, titre Ier. Le vendeur a l'intention de ne pas exiger le prix ; il n'y a pas de vente, par conséquent donation. Et l'autorité de Pothier qui déclarait le contrat valable, et l'art. 26 de la loi de nivôse an II qui dispose de même ; pourquoi en serait-il autrement? Il y a simulation, soit, mais est-elle frauduleuse? Non ! Il est permis de faire indirectement ce qu'on peut faire directement. Il y a mieux : au terme des

3

art. 911 et 1099, la donation déguisée sous la forme d'un contrat à titre onéreux est nulle, quand elle est faite au profit d'un incapable ; elle est donc valable quand elle est faite au profit d'une personne capable.

— Non, dans un autre opinion. L'art. 931 dispose que les actes portant donation seront passés devant notaire à peine de nullité : c'est la loi qui parle, pas d'équivoque possible ! Autrement, quelle contradiction dans l'économie de la loi ! Des formalités minutieuses organisées à grand'peine seraient éludées par un détour ! Qu'importent les traditions romaines ! L'écriture même n'était pas exigée ; quoi d'étonnant donc que les jurisconsultes aient permis le détour. Est-ce plus justement que l'on argumente de notre ancien droit, qu'en particulier on s'appuie sur l'autorité de Pothier ? Non encore ! Il n'a jamais dit ce qu'on lui fait dire, que les donations déguisées sont valables, mais bien qu'elles sont assujetties aux formes ordinaires des donations entre vifs. Enfin, et c'est le dernier mot du système adverse, la simulation est permise quand elle n'est pas frauduleuse. Fort-bien ! N'est donc pas frauduleuse la simulation qui fait fraude à la loi, qui fait fraude à l'art. 931 et compromet les intérêts qu'il a voulu sauvegarder. Et n'allez pas vous rejeter sur les art. 911 et 1099 : ces articles indiquent purement et simplement des incapacités, et ils disent que la donation déguisée sous forme d'un contrat à titre onéreux est nulle quand elle intervient en faveur des incapables, mais pourquoi ? Parce que quand il est défendu de donner à quelqu'un, on se cache pour le faire.

Malheureusement la jurisprudence, d'abord entrée dans cette voie, n'y a pas persisté, et la Cour suprême, (arrêts 18 nov. 1861 — 6 janvier 1862), a consacré le premier système ; les vrais principes ont été méconnus, et nous ne saurions nous incliner devant elle.

§ II.

De la forme de l'acceptation et des personnes par qui elle peut être faite.

L'art. 932 s'occupe de la forme de l'acceptation ; les art. 933 et suivants, des personnes par qui elle peut être faite, double idée qui sera le point de départ de nos nouvelles explications.

L'acceptation, en matière ordinaire, n'est soumise à aucune formalité : elle peut résulter des faits. Je me présente avec vous chez un notaire, vous déclarez me vendre votre domaine pour 20,000 fr., le notaire dresse un acte, nous signons : la vente est parfaite. Vous déclarez me le donner, l'offre que vous me faites est consignée dans l'écrit qu'il dresse ; je me tais, nous signons, mon silence sera-t-il regardé comme une acceptation tacite ? Peut-être, mais la donation n'est pas valable. Il faut nécessairement que l'acte fasse mention de l'acceptation, autrement la donation, nulle en la forme, serait nulle au fond et devrait être refaite dans les formes déterminées par la loi. Cela se conçoit-il ? C'est un emprunt que le législateur moderne a fait à notre ancien droit (1), qui, hostile aux donations, comptait sur l'omission d'une formalité ridicule pour violer impudement le grand principe de la liberté des conventions.

L'acceptation doit être expresse, mais est-il nécessaire pourtant qu'elle intervienne dans l'acte même de donation ? Je suis à Rennes, le donateur se trouve à Paris, il fait rédiger un acte. Pourvu que mon acceptation soit faite avant le retrait de son offre ou avant son incapacité, la donation vaudra. Mais ce n'est pas une acceptation telle

(1) Art. 5 de la loi de février 1731.

quelle qui est exigée par la loi. Elle doit revêtir les mêmes formes que l'acte de donation lui-même, et de plus doit être notifiée au donateur. La notification est-elle exigée à peine de nullité de la donation ? Je ne le crois pas, le donateur ne pourra pas avoir à craindre de se voir opposer la donation, tant que la notification n'aura pas été faite, mais le donataire sera obligé de subir les charges de la donation, si elle est avec charges, et, du reste, pourra après l'acceptation aliéner l'objet donné. Mais pour que toutes ces conséquences aient leur effet à l'égard du donataire, il faudra qu'il se soumette positivement à la formalité de la notification. Tant qu'elle n'est pas accomplie, le donateur peut revenir sur sa volonté ; en cas de mort ou d'incapacité, plus de notification possible, ni à ses héritiers, ni à lui-même. *Secus* à l'égard du donataire, ses héritiers, ses créanciers peuvent valablement notifier l'acte d'acceptation.

2° *Par quelles personnes l'acceptation peut être faite ?*

Le donataire est-il capable ? est-il incapable ?

Distinction qu'il nous faut établir avec soin.

S'il est capable, il pourra accepter par lui-même, ou par un fondé de pouvoirs muni d'une procuration spéciale et redigée en minute (article 933).

Quid, s'il s'agit d'un sourd-muet ? L'art. 946 formule la règle : « Le sourd-muet qui saura écrire pourra accepter lui-même ou par » un fondé de pouvoirs. — S'il ne sait pas écrire, l'acceptation doit » être faite par un curateur nommé à cet effet, suivant les règles éta- » blies au titre de la minorité et de l'émancipation, Code. (480-979.)

Quand il s'agit d'un incapable, l'acceptation est soumise à des règles particulières et plus compliquées. Les incapables sont :

La femme mariée ;

Le mineur non émancipé ou émancipé ;

Les interdits ;

Les individus pourvus d'un conseil judiciaire ;

Les hospices ;

Les pauvres ;

Les établissements publics.

La femme mariée ne peut accepter une donation qu'avec l'autorisation du mari ou, à son défaut, avec l'autorisation de justice (art. 934). Pourquoi? Je réponds à cette question par une autre ; pourquoi le mari peut-il accepter seul une donation d'une autre femme? Cela ne se justifie pas, mais la loi est telle : il la faut respecter.

Quant à l'acceptation d'une donation faite à un mineur non émancipé, il y a une distinction à établir :

1° Certaines personnes doivent la faire, le tuteur avec l'autorisation du conseil de famille. (Art. 935-463.)

2° D'autres le peuvent ; le père, la mère, les ascendants, les ascendantes : la mère et l'ascendante, sans même aucune autorisation. Le législateur a pensé, sans doute, qu'elles seraient plus perspicaces pour autrui que pour elles-mêmes! Etrange contradiction!

Pour les mineurs émancipés, la chose est simple, le mineur accepte lui-même, avec l'assistance de son curateur (art. 935.)

3° Si le mineur est sourd-muet et ne sait pas écrire, le conseil de famille nommera un curateur *ad hoc* ; car le curateur ordinaire n'est qu'un *auctor*.

L'interdit est assimilé à un mineur non émancipé (art. 589.)

Quant à l'individu pourvu d'un conseil judiciaire, si la donation est sans charges, il peut accepter seul puisqu'il rend sa condition meilleure ; si elle est avec charges, l'assistance de son conseil est nécessaire.

S'il s'agit d'une donation offerte à un hospice, aux pauvres d'une commune, à un établissement d'utilité publique, en principe, ces personnes sont incapables de recevoir ; toutefois, elles peuvent être relevées de cette incapacité par l'autorisation du gouvernement. Mais cette autorisation ne vaudra pas acceptation ; les personnes qui l'obtiennent ont seulement la faculté d'accepter. Ce seront les administrateurs qui devront faire l'acceptation. (Art. 937.)

Après avoir parlé de ceux qui sont incapables d'accepter une donation, une question se présente naturellement ; faut-il déclarer *nulle* ou seulement *annulable* l'acceptation faite par un incapable, par exemple par un mineur, par une femme mariée non autorisée ?

1er système. — Les mineurs, les interdits peuvent seuls invoquer leur incapacité pour faire annuler les actes qu'ils ont passés : cette incapacité a été introduite exclusivement dans leur intérêt; on dit même, en argumentant de l'art. 1125, qu'ils peuvent, quoique incapables de s'obliger, obliger ceux qui contractent avec eux. Il faut donc appliquer cette règle aussi rationnelle qu'équitable si la loi n'y déroge pas. Y est-il fait exception dans les art. 933 et suivants ? Non, et même l'art. 934, en renvoyant aux art. 217 et 219, applique ce système à deux cas particuliers. Il résulte donc de tout ceci que la nullité de cette acceptation n'est pas opposable par le donateur au donataire.

Mais, objecte-t-on, les art. 933 et suivants, qui règlent la manière dont doit être faite l'acceptation, font partie de la section de la loi qui traite des formes de la donation. L'acceptation n'étant point faite selon les formes prescrites est nulle, et alors elle ne doit obliger personne.

Oui, si la rubrique de la section était exacte; mais l'est-elle quand on la voit s'occuper de sujets tels que la règle : donner et retenir ne vaut ? Cette règle se rapporte-t-elle à la forme ? Non. C'est non pas de *la forme* de la donation, mais bien de la *capacité* du donataire que s'occupent les règles qui fixent les conditions nécessaires à la validité de l'acceptation d'une donation offerte à un incapable.

2e objection. — D'après l'art. 938, la donation *dûment* acceptée est parfaite. Elle doit donc être nulle si on ne s'est pas conformé aux art. 933 et suivants, car c'est en se conformant à leurs prescriptions qu'elle peut être *dûment* acceptée.

Très-bien, s'il n'y avait pas de différence entre une donation nulle et une imparfaite ; une donation annulable est imparfaite, or, l'art. 933 ne touche pas à la question de savoir si la donation indûment acceptée est nulle ou n'est qu'annulable.

§ III.

*De l'effet de l'acceptation et principalement de la transcription
en matière de biens susceptibles d'hypothèques.*

I. — De la garantie en matière de donations. — Le donateur doit-il,
comme le vendeur vis-à-vis de l'acheteur, indemniser le donataire en
cas d'éviction ? Non, car celui qui dispose d'une chose à titre gratuit
est présumé ne la donner qu'autant qu'elle lui appartient.

Toutefois, à cette règle il faut apporter certains tempéraments.

1° Ainsi, le donateur est tenu de la garantie quand il s'y est obligé
par une clause particulière.

2° Lorsque la donation a été faite en faveur du mariage. (Art. 1440
et 1547.)

3° Même à défaut de toute stipulation portant pour le donateur obligation de garantie, il en sera néanmoins tenu, s'il est prouvé qu'il a
fait la donation par dol, pour constituer, par exemple, le donataire en
frais.

II. — De l'effet de l'acceptation au point de vue de la translation de
la propriété de la chose donnée.

« La donation, nous dit l'art. 938, dûment acceptée, sera parfaite
» par le seul consentement des parties ; et la propriété des biens don-
» nés sera transférée au donataire, sans qu'il soit besoin d'autre tradi-
» tion. »

Reprenons une à une les diverses énonciations de notre article.

« La donation dûment acceptée, » nous savons déjà ce que cela si-
gnifie, c'est-à-dire acceptée dans les formes déterminées par la loi.
(Art. 933 et suivants.)

« est parfaite, » ce mot implique l'idée d'obligation pour les parties et de translation de la propriété de la chose donnée, la convention
par sa seule force suffisant chez nous à transférer la propriété.

« par le seul consentement des parties ; » non, car un contrat solennel comme la donation ne peut se former *solo consensu.*

« et la propriété des objets est transférée au donataire sans qu'il soit
» besoin *d'autre tradition.* » Comment expliquer ces mots « autre
tradition ? » De quelle autre tradition s'agit-il puisque l'art. 938 ne
parle d'aucune ? C'est que les rédacteurs du Code, en déclarant que le
seul consentement des parties suffirait à la perfection de la donation,
mais en exigeant la formalité de l'écriture, se sont en ce point séparés
des règles formulées par quelques-unes des anciennes coutumes qui
exigeaient, les unes, une tradition réelle de la chose donnée; les autres,
une tradition feinte, consistant en une déclaration de dessaisine faite
devant le donataire par le donateur, en outre de l'acceptation, pour
que la donation fût parfaite. Le Code a donc maintenu la tradition de
droit qui consiste dans l'obligation que prend le donateur de se dépouil-
ler de sa chose en faveur du donataire, et supprimé la tradition de fait,
suppression que ces mots « d'autre tradition » ont pour but d'exprimer. (1)

Toutefois, il peut arriver que la translation de la propriété ne s'effectue pas malgré l'accomplissement des formalités. Il en est ainsi
quand le donateur n'est pas propriétaire de la chose donnée. Cependant il y a une exception ; si la chose donnée est un *meuble corporel*
et que le donataire soit de bonne foi, il se trouvera protégé par la règle : *en fait de meubles, la possession vaut titre* (art. 2279), et de-
viendra propriétaire.

Dans ce cas, dès que la donation est parfaite, le donataire devient
propriétaire non-seulement vis-à-vis du donateur, mais même vis-à-
vis des tiers. Mais est-il vrai que *dans tous les cas* le donataire aura
une propriété absolue et non pas une propriété relative ?

---

(1) Pour que la donation dûment formée soit par elle-même obligatoire et translative de
propriété, il faut qu'elle ait pour objet un corps certain ; autrement, si elle porte sur une
chose déterminée quant à l'espèce, seulement elle n'est qu'obligatoire ; pour qu'il y ait
translation de propriété, il faudra qu'un autre fait intervienne, soit une tradition, soit une
convention déterminant individuellement ce qui doit être livré.

Il nous faut ici distinguer :

1° Si la donation a pour objet une créance que le donateur a sur un tiers; entre les parties la créance passe bien immédiatement sur la tête du donataire ; mais à l'égard des tiers, le donateur pourra en disposer tant que le donataire n'aura pas signifié la cession au cédé, ou que celui-ci, par un acte authentique, n'aura pas adhéré à la donation. Le donataire évincé n'aura contre le donateur qu'un recours en dommages-intérêts.

2° *Quid* ! lorsque la donation porte sur un immeuble susceptible d'hypothèque ? Le donataire en devient propriétaire vis-à-vis du donateur dès que la donation est parfaite ; mais au regard des tiers le donateur conserve la libre disposition de la chose donnée ; le donataire évincé n'a contre lui qu'un recours en dommages-intérêts. Comment évitera-t-il ce danger ? Quelle formalité le rendra propriétaire même vis-à-vis des tiers ?

C'est ce que nous allons étudier dans le chapitre suivant.

III. *De la transcription*. — C'est la transcription qui portera la donation à la connaissance des tiers, qui fera perdre au donateur le droit de disposer des biens donnés ; définissons donc la transcription : c'est la copie littérale de l'acte de donation sur un registre spécial, tenu par le conservateur des hypothèques et que tout le monde peut consulter.

Historique. — Une chose remarquable c'est que la transcription a existé pour les libéralités longtemps avant d'être exigée pour les actes à titre onéreux.

Dans le droit romain, Constance Chlore voulut que toutes les donations fussent insinuées dans les registres des magistrats. Constantin réglementa l'insinuation. Justinien l'exigea pour toutes les donations dépassant 500 solides.

Nous ne voyons qu'assez tard apparaître cette formalité dans notre ancien droit. C'est l'ordonnance de 1539 qui l'y fait entrer pour la première fois. Elle passe ensuite dans l'ordonnance de 1731, (art. 20), mais avec quelques différences. Ainsi, sous le Bas-Empire, non seule-

4

Les maris le peuvent toujours, mais ils ne le doivent que s'ils ont l'administration des biens; dans le cas contraire, ils le peuvent mais ne le doivent pas, n'étant tenus de réquérir la transcription qu'en leur qualité d'administrateurs. Tel était le système de l'ordonnance de 1731, et rien ne prouve que le Code y ait dérogé.

Mais qu'a voulu dire la loi en parlant du curateur du mineur émancipé, comme d'une personne obligée sous sa responsabilité de requérir la transcription? Le mineur émancipé en effet *administre* et doit faire transcrire. En classant les curateurs parmi les personnes *obligées* dans l'art. 940, le Code a donc fait erreur. Ceci ne peut s'expliquer qu'historiquement : dans l'ancien droit, les interdits avaient non des *tuteurs* mais des *curateurs*; les rédacteurs du Code ont oublié leur innovation, d'autant mieux que l'art. 942 parle du tuteur et non du curateur.

Pour les administrateurs le Code est muet, mais la responsabilité existe.

Ces différentes personnes ne répondent que de leur faute lourde.

Il faut encore remarquer que les incapables ne sont jamais restitués contre les conséquences du défaut de transcription.

VI.—*De l'effet de la transcription.*—Il est le même qu'en matière d'actes à titre onéreux; comme nous l'avons déjà dit, avant la transcription les aliénations ou hypothèques consentis par le donateur seraient opposables au donataire; après elles ne peuvent plus l'être : son droit étant alors *absolu.*

VII. — *Des conséquences du défaut de transcription.* — L'art. 941 nous dit : « Le défaut de transcription pourra être opposé par toutes » personnes ayant intérêt, excepté toutefois celles qui sont chargées » de faire faire la transcription, ou leurs ayants-cause et le donateur. »

Tous les tiers acquéreurs à titre onéreux, acheteurs d'un droit réel par exemple, créanciers hypothécaires, et le second donataire pourront opposer le défaut de transcription; mais en sera-t-il de même des *créanciers chirographaires*? Pourront-ils faire saisir l'immeuble, pour le faire vendre, entre les mains du donataire? La jurisprudence répond par la négation : la loi ne parle que de biens *susceptibles d'hypothèqnes* et par là montre bien que les créanciers hypothécaires sont les seuls qui puissent se prévaloir de l'absence de transcription.

Mais on ne peut pas dire que les créanciers chirographaires ne sont pas intéressés à la nullité de la donation ; la loi est d'ailleurs peu favorable aux donations, et c'est entrer dans son esprit que d'en atténuer l'effet le plus souvent possible.

Certaines personnes, énumérées par l'art. 941, ne sont jamais recevables à se prévaloir du défaut de transcription. Pour le donateur et ceux qui sont chargés de faire faire la transcription, rien de plus juste ; pour leurs ayants-cause à titre universel cela se justifie encore, car ils représentent leur auteur. Mais la même théorie appliquée aux ayants-cause à titre particulier est-elle rationnelle ? Ils ne représentent pas en effet leur auteur. Mais la loi est formelle, dit-on, et ne distingue pas entre les ayants-cause.

Quant aux héritiers du donateur, faut-il les placer dans la règle ou dans l'exception ? Plusieurs auteurs enseignent qu'ils peuvent opposer le défaut de transcription. Ils tirent un premier argument de l'article 941, en disant que cet article ne refuse ce droit qu'aux ayants-cause de personnes chargées de requérir la transcription, puisque le mots *ayants-cause* sont placés avant le mot *donateur*. A ce premier argument ils en joignent un second, tiré de l'ordonnance de 1731. L'art. 27 était formel ; il accordait aux héritiers le droit d'opposer le défaut de transcription ; et, en rapprochant nos deux articles, on voit qu'ils ont été littéralement calqués l'un sur l'autre.

La Cour de cassation, la jurisprudence et quelques auteurs (MM. Demolombe, Aubry et Rau) pensent le contraire. Les héritiers du donateur, disent-ils, ne sont-ils pas encore le donateur lui-même ? Oui, puisqu'ils représentent, puisqu'ils continuent sa personne juridique ; or, le donateur n'a pas le droit d'opposer le défaut de transcription, donc ses héritiers ne peuvent pas l'avoir, car *nemo plus juris conferre potest quam ipse habet.* — Quant à prétendre que l'art. 941 est littéralement copié sur l'art. 27 de l'ordonn. de 1731, la copie est-elle donc si exacte ? L'art. 27 déclare que les héritiers peuvent opposer le défaut d'insinuation, le Code les passe sous silence ; ne doit-on pas en conclure que ce droit leur est actuellement enlevé ? Pour qu'ils puissent l'avoir, il faudrait que le Code l'eût déclaré expressément, comme le faisait l'art. 27, car, étant les continuateurs juridiques de la personne du donateur, ils ne peuvent pas avoir plus de droits que le donateur lui-même.

VIII. -- *La loi du 23 mars 1855 a-t-elle influé en quelque manière sur les donations, et, en cas d'affirmative, quelle a été son influence ?*

Que dit l'art. 11 *in fine ?* « Il n'est point dérogé aux dispositions du » Code Napoléon relatives à la transcription des actes portant dona- » tion. » Que peut-on voir de plus clair et de plus simple. Les actes à titre onéreux seront régis par la loi de 1855, les actes à titre gratuit par la loi de 1804. Il s'en suit donc que les personnes qui, sous l'empire du Code, pouvaient opposer le défaut de transcription au donataire, le pourront encore aujourd'hui.

Est-ce à dire que la loi de 1855 n'a eu aucune influence ? Quoique n'ayant pas modifié les art. 933 et suivants, elle les a du moins complétés. Certaines donations, telles que celles de droits d'usage ou d'habitation, du moins de l'avis de plusieurs auteurs, qui n'étaient pas soumises à la transcription sous l'empire du Code, le sont depuis la loi de 1855. Contre cette théorie, on élève une objection. L'art. 11, dit-on, déclare ne pas déroger aux lois établies par le Code, or, etc. Mais la réponse est facile : à cette époque, en effet, la transcription était d'exception ; depuis la loi de 1855 elle est devenue le droit commun, il faut donc y assujettir les donations susdites.

§ IV.

De l'état estimatif qui doit être joint à la minute de la donation quand il s'agit d'effets mobiliers. (Art. 948.)

Si la donation de meubles et d'effets mobiliers n'est pas assujettie à la transcription, elle doit être accompagnée cependant d'un état estimatif (art. 15, 1731). Si le législateur a proclamé cette règle, c'est qu'il a voulu une fois de plus, consacrer le principe de l'*irrévocabilité* des donations. Avec un état estimatif, le donateur ne pourra rien soustraire des objets donnés, et, de plus, si la donation est révoquée ou rapportable, on saura au juste ce que le donataire doit rendre soit à la masse, soit au donateur.

De ces mots de l'art. 948 « *tout acte portant donation* » on doit conclure que l'état estimatif n'est exigé que pour les donations constatées par l'écriture, et non pour les donations manuelles.

L'état estimatif doit comprendre deux choses : 1° l'énumération et la description des objets donnés ; 2° l'estimation. Il n'est pas nécessaire qu'il soit fait par acte notarié, ni dans un acte séparé. Les parties peuvent même s'en dispenser en déclarant se référer à un acte antérieur tel qu'un inventaire, par exemple.

Si l'acte estimatif ne contient que l'énumération d'une partie des objets donnés, la donation ne vaudra que pour ces objets.

S'il n'y a pas eu d'acte estimatif, la donation est *nulle*. Donc, 1° ni le donateur, ni ses héritiers ne pourront être contraints de livrer la chose. 2° Ils pourront agir en restitution. 3° Ce même droit appartiendra à tous les créanciers indifféremment.

SECTION DEUXIÈME.

DES CONDITIONS DE FORME DES DONATIONS FAITES PAR CONTRAT DE MARIAGE AUX FUTURS ÉPOUX ET AUX ENFANTS A NAITRE DU MARIAGE.

La loi, favorable à ces donations quant au fond, s'est aussi montrée moins exigente quant à la forme.

§ I.

Des donations de biens présents.

Elles doivent être faites en la forme authentique; si elles sont faites dans le contrat de mariage, cela est évident. Si elles le sont par acte séparé, l'art. 931 est pleinement applicable. Quant à la solennité de l'acceptation, il faut entendre l'art. 1087, en ce sens qu'il n'est pas nécessaire qu'elle soit inscrite en termes formels dans l'acte que dresse le notaire. La transcription et l'état estimatif sont nécessaires. (1081.)

§ II.

Des donations de biens à venir.

Ces donations doivent aussi être faites dans la forme authentique ; mais elles ne peuvent l'être que par contrat de mariage, c'est ce qui résulte de l'interprétation de l'art. 1082. La mention solennelle de l'acceptation n'est pas non plus indispensable. Quant à la transcription et à l'état estimatif, ils ne sont pas exigés. La transcription en effet implique l'idée de translation *actuelle* d'un droit de propriété ; or, ici elle ne peut exister. L'état estimatif décrit et estime les objets. Comment obtenir ce résultat pour des biens qui n'existent pas encore.

§ III.

Donation cumulative.

Comme la donation de biens à venir, elle doit être faite par contrat de mariage, elle est aussi dispensée de la mention formelle de l'acceptation : maintenant, quant aux biens qui existent au moment où elle est faite, elle est soumise à la transcription et à l'état estimatif.

SECTION TROISIEME.

DES CONDITIONS DE FORME DES DONATIONS ENTRE ÉPOUX, SOIT PAR CONTRAT DE MARIAGE, SOIT PENDANT LE MARIAGE.

§ I.

Des donations entre époux par contrat de mariage.

Les règles à suivre pour la forme de ces donations sont les mêmes que pour celles faites aux époux par des tiers, art. 1092, quant aux donations de biens présents. Pour ce qui est de la donation cumulative et de celle de biens à venir, il faut appliquer les règles de l'article 1083.

§ II.

Des donations entre époux pendant le mariage.

Ce sont des donations ordinaires et, par conséquent, elles doivent être soumises aux mêmes règles que les autres donations, elles doivent être faites par acte authentique et rédigé en minute (art. 931, etc.).

Ces donations, même quand elles sont réciproques, étant essentiellement révocables (art. 1096), la loi leur a appliqué la règle de l'article 968. Seront donc nulles les donations réciproques que les époux se font l'un à l'autre par un *seul et même acte.*

5

La *transcription* sera-t-elle exigée pour ces donations quand elles portent sur un immeuble susceptible d'hypothèques ? Mais elles sont toujours révocables *ad nutum*. Alors quelle utilité y aura-t-il a exiger la transcription, puisque le donataire ne pourra jamais l'opposer au donateur pour faire annuler les aliénations par lui consenties !

— Oui sans doute, mais cependant si la donation est transcrite, la propriété des biens donnés ne reste pas sur la tête du donateur, d'où il suit : 1° que ses créanciers ne pourront pas valablement les saisir entre les mains du donataire ; 2° Qu'ils ne pourront plus être, du chef du donateur, grevés d'hypothèques légales ou judiciaires.

L'état estimatif doit-il être exigé quand ces donations comprennent des effets mobiliers. Mais ne sont-elles pas essentiellement révocables ? Le but de l'état estimatif n'est-il pas, d'un autre côté, d'assurer l'*irrévocabilité des donations*, donc, etc.

Mais dans le cas de rapport, de réduction, l'état estimatif sera encore utile, car il permetttra de déterminer au juste ce qui doit être rapporté, ou dans quelles limites doit s'exercer la réduction. Pourquoi alors en dispenser les donations entre époux ?

DE LA FORME DES TESTAMENTS

CHAPITRE DEUXIÈME

DIVISION : { *Section première :* § 1. DU TESTAMENT OLOGRAPHE.
— § 2. DU TESTAMENT PAR ACTE PUBLIC.
Section deuxième : DES TESTAMENTS PRIVILÉGIÉS.

DES TESTAMENTS

(NOTIONS GÉNÉRALES)

Aux termes de l'art. 895 le testament est *un acte* par lequel le testateur dispose pour le temps où il ne sera plus de tout ou partie de ses biens et qu'il peut révoquer. Trois idées principales ressortent de cette définition. Le testament émane d'une *seule* volonté: 1° C'est un acte; 2° il ne produit effet qu'au jour de la mort du testateur; 3° la révocabilité est de son essence. Le législateur de 1804 a rompu décidément avec les traditions romaines. Le testateur est désormais impuissant à faire un héritier. Il n'y a plus à côté des héritiers de la loi des héritiers de l'homme ; donnez par testament tout votre patrimoine à une personne, vous en ferez un légataire et non pas un héritier. Ces mots de notre article « dispose de tout ou partie de ses biens », s'expliquent en ce sens que le Code a abrogé l'ancienne rè-gle du droit romain « *nemo partim testatus, partim intestatus, etc.* » Chez nous la même personne peut laisser à la fois des héritiers *testamentaires* et des héritiers *ab intestat.*

Le testament diffère de la donation en ce sens, qu'émanant d'une seule volonté il est un *acte*, tandis que la donation n'étant parfaite que par le concours de deux volontés est un *contrat.*

La donation produit son effet *hic et nunc*, le testament *à la mort* du testateur.

Le testament est *toujours révocable* au gré du testateur, l'*irrévocabilité* est de l'essence de la donation.

Le testament est un acte solennel : les formalités auxquelles il est soumis sont susceptibles de varier, mais il doit toujours, à peine de nullité, être rédigé par écrit ; de plus, d'après l'art. 968, les testaments conjonctifs sont prohibés. Deux ou plusieurs personnes ne peuvent tester par un seul et même acte, soit au profit d'un tiers, soit à titre de disposition réciproque et mutuelle. Le législateur a pensé qu'un pareil acte porterait atteinte à la liberté du testateur conjoint, soit en l'exposant à la captation et aux suggestions, soit en l'empêchant de révoquer à sa guise une libéralité dont il se repentirait, soit en le forçant à accepter la révocation de l'acte qu'il voudrait maintenir.

SECTION PREMIÈRE.

DE LA FORME DES TESTAMENTS ORDINAIRES.

Les testaments ordinaires sont de deux sortes, olographes, ou par acte public, car les testaments mystiques ne sont guère qu'une variété de ces derniers.

§ I.

Du testament olographe.

Le testament olographe doit être écrit en entier de la main du testateur, daté et signé par lui. Ces trois conditions sont de son essence. Entrons dans les détails.

Un seul mot écrit par une main étrangère dans le corps du testament olographe suffirait pour l'infirmer, car il ne serait plus l'œuvre exclusive du disposant, il ne serait plus, à proprement parler, un testament olographe, c'est-à-dire écrit par un seul. Toutefois n'exagérons rien; qu'il prenne fantaisie à un héritier dépouillé par le testateur, d'insérer un mot dans l'acte pour le faire tomber et recueillir contre la volonté du disposant, l'hérédité qu'il convoite, le testament vaudra quand même. Le législateur n'a pas voulu certainement donner une prime à un acte coupable. Il faut pour que le testament soit nul, que le tiers y ait coopéré. Si l'écriture étrangère se trouve en dedans de l'acte, il n'y a pas de motif pour l'invalider.

« Il doit être daté. » Quelle est donc l'utilité de la date? Elle servira par exemple à faire connaître si le testateur était capable de disposer au moment de la confection du testament, à déterminer, d'après les circonstances, s'il y a eu captation ou suggestion; dans le cas où il y a plusieurs testaments à déterminer celui qui devra être exécuté.

En quoi consiste la date? D'après l'ordonnance de 1735, elle devait exprimer le *jour, mois* et *année*; le Code est muet, mais la doctrine et la jurisprudence décident que cette règle doit être suivie. Est-ce à dire cependant que la date doive être exprimée d'après le calendrier grégorien; non, les équivalents sont possibles. Ainsi serait valable un testament portant ces mots : « Fait et signé par moi, le jour anniversaire de la prise de la Bastille, 1870. »

La signature n'est pas moins essentielle que l'écriture et la date ; c'est elle qui vivifie l'acte, qui atteste qu'il est l'expression de la volonté du testateur. Il doit signer son nom de famille en toutes lettres ; mais ici encore la signature qui a pour objet de révéler notre identité peut être suppléée par un équivalent, un sobriquet sous lequel on est généralement connu, le prénom même s'il s'agit des prélats, ou même leurs initiales avec leur titre. (Testament de Massillon.)

Si l'écriture, la date, la signature sont de l'essence du testament olographe, elles suffisent pleinement pour sa validité. Ecrivez sur papier timbré ou sur papier libre, sur du parchemin, sur du bois, avec de l'encre ou avec un crayon ; cachetez ou ne cachetez pas ; approuvez ou non les ratures, les surcharges, les mots intercalés ; indiquez ou non le lieu où l'acte a été rédigé ; datez en lettres ou en chiffres, en tête, au milieu ou à la fin, tout cela est indifférent. Pourtant la date ne doit-elle pas précéder la signature ? A ne consulter que l'art. 970 on serait tenté de répondre affirmativement, puisque ce texte parle de la signature en dernier lieu, et que d'ailleurs la signature gouverne tout le testament ; mais la jurisprudence est contraire à cette doctrine, pourvu que la date suive immédiatement et sans intervalle la signature. Enfin, la loi n'exige pas que mention soit faite de l'accomplissement des formalités.

II. — Le testament olographe est la simplicité même ; il peut être fait partout, modifié, révisé à plaisir, et, de plus, il échappe aux héritiers du sang que le testateur peut avoir intérêt à ménager.

A côté de ces avantages, il présente un inconvénient grave : c'est qu'il n'est pas à la portée de ceux qui ne savent pas écrire.

III. — Que dire maintenant de sa force probante ? Voici un testament olographe contesté par l'héritier. A qui incombe l'*onus probandi?* Est-ce au légataire ou à lui ? Distinguons. Est-ce sur l'écrit et la signature que porte la contestation ? C'est au légataire à faire la preuve ; car le testament olographe est un acte sous-seing privé, et il est de principe que ces actes doivent être prouvés par celui qui les présente.

Toutefois, plusieurs auteurs, et la Cour de cassation s'est rangée à leur avis dans un arrêt du 24 avril 1867, estiment que l'*onus probandi* retombe sur l'héritier légitime toutes les fois qu'il s'agit d'un legs universel et que le légataire s'est fait envoyer en possession. Nous ne saurions adopter cette opinion ; l'héritier est appelé par la loi, le légataire l'est par le testateur : Prouvez, dira-t-il à celui-ci, que le testament qui me dépouille à votre profit est régulier ; sinon, j'évoque ma qualité, mon droit est antérieur au vôtre, vous êtes demandeur : *Actori incumbit onus probandi.*

Est-ce *la date* qui est en question ; ici le légataire n'a rien à prouver. En général, les actes sous seing privé ne font pas foi de leur date, et c'est à celui qui les présente à en démontrer la sincérité. Mais l'art. 870 dit expressément qu'en dehors de l'écriture, de la date et de la signature, le testament olographe n'est assujetti à aucune forme, et ce serait ajouter à ses prescriptions, prendre la loi en flagrant délit de contradiction que de décider que le testament olographe n'est pas réputé fait à la date qu'il indique.

§ II.

Du testament par acte public.

L'art. 971 définit ce testament : C'est celui « qui est reçu par deux » notaires en présence de deux témoins, ou par un notaire en présence » de quatre témoins. » Les formalités auxquelles il est soumis sont indiquées dans la loi du 25 ventôse, an XI, et dans le Code. Conformément à l'art. 12 de la loi précitée, le testament notarié doit être daté et indiquer le lieu où il a été reçu, et mentionner les noms des témoins. L'art. 15 (même loi) décide que les renvois et apostilles doivent être approuvés par le testateur. Les formalités tracées par le Code se réfèrent à la dictée du testament, à son écriture, à sa lecture, à la mention expresse de l'accomplissement de ces formalités, et enfin, à la signature.

Le point dominant est *la dictée* : dicter, c'est prononcer mot à mot ce qu'un autre écrit. Les notaires ne peuvent *interroger* le testateur, il faut que ce soit lui qui *parle*, et, s'il ne peut se faire entendre des notaires, le testament sera nul. La dictée doit se faire en la présence des notaires et des deux témoins, ou du notaire et des quatre témoins.

De plus, le testament doit être écrit tel qu'il est dicté, le notaire n'étant que le secrétaire du testateur.

Si le testateur ne sait pas parler français, le notaire doit faire à mi-marge de la rédaction française une traduction en langue étrangère; cette traduction ne pourra servir d'ailleurs que d'éclaircissement ou de renseignement.

Si le testament est reçu par deux notaires, ils peuvent se remplacer et écrire à tour de rôle, mais jamais ni les clercs, ni les témoins ne peuvent écrire.

Quand la dictée est terminée, le notaire rédacteur donne lecture du testament en présence des témoins.

Après la lecture, le notaire doit mentionner que les formalités ont été accomplies, c'est-à-dire déclarer que l'acte lui a été dicté, qu'il l'a écrit, qu'il l'a lu au testateur en présence des témoins.

Après que cette mention a été faite, le notaire, le testateur et les témoins doivent signer l'acte : alors seulement le testament existe. Si le testateur n'a pas signé, si même la mort le surprend après qu'il a tracé les premières lettres de son nom, le testament est nul.

Le testateur ne sait-il ou ne peut-il signer ? L'acte doit le dire et déclarer la *cause* qui a empêché le testateur de signer.

Les témoins doivent tous apposer leur signature à côté de celle du testateur : mais, comme dans les campagnes, il serait difficile de trouver toujours le nombre de témoins sachant écrire, la signature d'un seul suffira s'il y a deux notaires, et celle de deux s'il n'y a qu'un seul notaire. Maintenant comment saura-t-on ce qu'il faut entendre par ces expressions *à la ville* ou *à la campagne*; c'est une question de fait.

Ce testament a un avantage sur le testament olographe, c'est qu'il peut être fait par ceux qui ne savent ni écrire, ni lire. Cependant les muets et les sourds ne peuvent tester de cette façon, et la raison en est facile à comprendre. En outre, ce testament, en tant qu'acte authentique, fait preuve de tout ce qu'il contient, le légataire n'a rien à prouver; c'est aux héritiers à montrer qu'il est supposé, et ils ne peuvent y arriver qu'à l'aide de l'inscription de faux.

II. — *Du testament mystique.* — Le testament mystique est un testament secret; il se fait en partie double. On y trouve d'abord une disposition rédigée par le testateur, puis un acte qui a pour but d'assurer la conservation de l'écrit et son identité.

Quelles sont les formalités auxquelles il est soumis pour sa validité ?

Le testateur doit écrire ses dispositions lui-même; il peut cependant les faire écrire par un tiers, mais dans tous les cas, il doit en principe signer lui-même. La date n'est pas exigée comme pour le testament olographe.

L'écrit doit être fermé de telle façon qu'on ne puisse l'ouvrir sans briser le cachet. Mais, qu'entend la loi par ces mots, « le papier sera clos et scellé, » faut-il de toute nécessité que le testateur appose un sceau quelconque sur la cire ou le pain à cacheter? Quelques personnes pensent que cette formalité n'est pas indispensable. Mais on fait remarquer que cette opinion est en contradiction avec le texte de l'article 976, qui parle d'abord de la clôture, et ensuite du scel. Mais la loi n'ayant pas défini le mot *scellé*, il est permis de l'interpréter dans son sens le plus large; aussi la doctrine se contente-t-elle de la clôture. Toute matière, pain ou cire à cacheter, peut servir à clore le testament, comme tout cachet, soit celui du testateur, soit celui d'un tiers, soit celui du notaire, à le sceller, la loi ne s'en étant pas expliquée formellement.

Le testateur peut clore son testament soit avant d'aller chez le notaire, soit en le lui présentant. La présentation doit avoir lieu en présence de six témoins ou même de sept, si le disposant n'a pu signer son testament. Dans tous les cas, il doit déclarer à haute et intelligi-

ble voix que cet acte est son testament. Procès-verbal de la présentation et de cette déclaration est dressé par le notaire et écrit sur le dos
ou sur l'enveloppe de l'acte : c'est ce qu'on appelle l'acte de suscription. Le notaire, les témoins et le testateur doivent le signer ; et, nous
dit l'art. 976, « en cas que le testateur, par un empêchement sur-
» venu depuis la signature du testament, ne puisse signer l'acte de
» suscription, il sera fait mention de la déclaration qu'il en aura faite,
» sans qu'il soit besoin en ce cas d'augmenter le nombre des témoins. »

Toutes ces formalités doivent être remplies *uno contextu*. C'est de
la législation romaine que cette exigence est passée dans l'art. 976.
Le testament tripartite, en effet, exigeait l'unité de temps et l'unité
d'action. (*Instit. de Just.*, liv. II, tit. X, § 3.) Dire que les formalités
doivent être remplies *uno contextu*, c'est exprimer que tout doit être
terminé en une seule séance, sans que le notaire puisse interrompre la
rédaction de l'acte commencé pour s'occuper d'un autre. Mais le testament ne serait pas nul si on avait suspendu les opérations quand
aucun autre acte n'avait encore été commencé, par exemple, si le notaire et les témoins sortent un instant, si le testateur plus malade a besoin de soins. Lorsque toutes les règles ont été observées, le testament
est valable ; autrement, il est nul.

Mais nul comme testament mystique, ne peut-il valoir comme testament olographe, quand l'acte intérieur est daté, signé, écrit de la
main du disposant ? La question se réduit à savoir si le testament mystique est un tout indivis, ou si, au contraire, il faut y voir deux actes
séparés. — Si l'on admet qu'il forme un tout indivis, vicié dans quelques-unes de ses parties, il faudra décider qu'il est nul pour le tout.
— Si l'on y voit deux actes séparés, l'écriture intérieure et l'acte de
suscription, pourquoi ne pas distinguer là où les choses distinguent
elles-mêmes ; l'acte de suscription est nul, soit : mais pourquoi en dire
autant de l'écrit intérieur ? Le testateur, du reste, n'a-t-il pas eu l'intention d'avoir un testament ; ne doit-on pas respecter sa volonté ? et
alors, du moment que les conditions du testament olographe concourent,
pourquoi ne pas l'admettre ?

Le testament mystique est des plus rares à cause de son extrême complication ; cependant, il a ses avantages, car il assure le secret des dernières volontés, et il peut être fait par des personnes qui ne pourraient tester dans la forme de l'art. 970. Sa force probante est plus considérable.

Ceux qui savent lire et écrire, ou lire mais pas écrire, ou lire mais non signer, peuvent certainement faire un testament mystique : mais une personne qui ne sait pas lire, un muet et un sourd qui ne le savent pas, ne peuvent le faire. On ne pouvait leur permettre de tester de cette manière, car comment pourraient-ils s'assurer que le tiers qui écrirait pour eux reproduirait leurs dernières volontés, s'assurer si leurs dispositions ont été bien comprises, savoir s'ils ne sont pas victimes d'une fraude? Le muet peut faire son testament dans la forme de l'art. 976 ; mais, d'après l'art. 979, il doit écrire en tête de l'acte qu'il présente au notaire que cet acte est son testament ; de plus, il est obligé de l'écrire lui-même, de le dater, de le signer. La première de ces exigences se comprend ; le muet ne pouvant déclarer devant les témoins et le notaire que l'acte qu'il présente est son testament, il fallait bien trouver un équivalent ; mais pourquoi lui demander de le dater, de l'écrire lui-même ? Au dernier siècle, l'éducation des muets était bien moins avancée qu'aujourd'hui, on les obligeait à écrire eux-mêmes leur testament pour se rendre compte de la mesure de leur intelligence ; mais actuellement, cette rigueur de la loi n'a plus de raison d'être. Quant à l'obligation de dater pour le muet, elle peut se justifier historiquement, puisque l'ordonnance de 1755 voulait que le testament fut daté par toute personne qui testait en la forme mystique, mais aujourd'hui l'écrit intérieur ne doit plus être daté à peine de nullité ; donc, l'art. 979 n'est plus en harmonie avec l'art. 976. Mais la loi est formelle.

En ce qui concerne le sourd, il semble bien qu'il peut tester en la forme mystique ; il peut l'écrire, déclarer au notaire que c'est son testament signé de lui. Il ne peut, il est vrai, entendre la lecture de l'acte de suscription ; mais ce n'est pas un motif pour prononcer la nullité, car si l'ordonnance de 1735 exigeait l'accomplissement de cette formalité, le Code n'a pas reproduit cette prescription.

Quelle est la force probante du testament mystique ? — Je distingue : tant qu'à l'acte de suscription, c'est à coup sûr un acte authentique, puisqu'il émane d'un officier public compétent (art. 1317). S'il est attaqué, ce sera donc aux héritiers à faire la preuve en recourant à l'inscription de faux.

Mais l'écrit intérieur est, dira-t-on, un acte privé en tant qu'il émane du testateur ou d'un tiers. Il ne fera donc pas pleine foi de ce qu'il contient; ce sera au légataire à prouver qu'il est sincère. Certains auteurs cependant, MM. Demolombe, Aubry et Rau, prétendent que l'acte de suscription communique à l'écrit intérieur le cachet de l'authenticité.

Des personnes qui peuvent figurer comme témoins dans un testament.

C'est comme surveillants que les témoins sont appelés dans un testament, c'est pour affirmer que les formalités prescrites par la loi ont été remplies. Il s'en suit qu'ils doivent avoir une certaine capacité, et certaines personnes dont le sexe, l'âge, etc., font à bon droit suspecter l'intelligence, ont été frappées par la loi, les unes d'une incapacité absolue, qui les empêche de figurer comme témoins dans n'importe quels testaments ; les autres d'une incapacité relative, qui ne les empêche de figurer que dans tel ou tel testament. Voyons d'abord quelles sont les conditions requises pour les témoins dans un testament par acte public, et dans un testament mystique.

Pour pouvoir assister comme témoin à un testament public, il faut être « mâle, majeur, sujet du roi, jouissant des droits civils (art. 980).

Seront donc incapables : 1° les *femmes*, parce que la pudeur les empêche *in cœtibus hominum versari*.

2° Les *mineurs* de 21 ans.

3° Les *étrangers*, le testament par acte public est un *munus publicum*, il intéresse nos nationaux, ils doivent donc seuls y comparaître.

4° Ceux qui ne jouissent pas de leurs droits civils, ceux qui par exemple avaient encouru la mort civile avant la loi de 1855 ; de nos jours, ceux que la dégration civile a atteints.

Suivant l'art. 9 de la loi du 25 ventôse, an XI, les témoins appelés aux actes notariés doivent jouir de leurs droits civils et être domiciliés dans l'arrondissement où l'acte est passé. Il n'est pas besoin de cela pour les témoins dans les testaments-par acte public. C'est à l'art. 980 seul qu'il faut s'en rapporter.

Il est pourtant certaines personnes réunissant les qualités énumérées par l'art. 980, qui doivent être quand même écartées : ainsi le sourd, l'aveugle, celui qui ne connaîtrait pas la langue, car leur contrôle ne saurait être sérieux.

Les incapacités relatives ont peut-être encore plus d'importance. L'art. 975 défend au notaire de prendre pour témoins les légataires, leurs parents ou alliés jusqu'au 4e degré, et leurs clercs. Inutile d'insister sur ce point, la loi se justifie d'elle-même, mais cette énumération est limitative ; le Code n'a rien à emprunter à la loi du 25 ventôse an XI. Donc, à part les personnes énumérées par l'art. 975, le notaire pourra prendre pour témoins tous ceux qu'il jugera à propos, quand même ces personnes seraient frappées d'incapacité par la loi de l'an XI pour être témoins dans un acte notarié ordinaire.

Que dirons-nous des personnes qui doivent être appelées comme témoins dans un testament mystique ?

Les incapacités absolues qui vicient le testament par acte public, vicient aussi le testament mystique. Mais les incapacités relatives (article 975) sont inapplicables ici. Pour les témoins, le Code a ici un système complet, or, il n'a édicté aucune incapacité relative pour le testament mystique : donc les témoins pourront être soit les légataires, leurs parents ou leurs alliés, soit les parents, alliés ou domestiques du testateur, soit les parents, alliés et clercs du notaire.

SECTION DEUXIÈME.

DES TESTAMENTS PRIVILÉGIÉS.

Pour terminer l'étude de la matière, il nous reste à parler des testaments privilégiés, ainsi nommés parce que la loi les a dispensés de la plupart des formalités des art. 970 et suivants. Le législateur devait tenir compte des diverses circonstances dans lesquelles l'homme peut se trouver. Les faits auxquels il s'est attaché sont indiqués dans les art. 981 à 1000. Il a prévu le cas où il s'agit d'un testament fait par un militaire, l'hypothèse où les communications sont interceptées par suite de la peste ou d'une maladie contagieuse, le cas où une personne est en mer, où un Français se trouve en pays étranger.

1° Pour le testament militaire, les règles sont formulées par les art. 981 à 984;

2° Les dispositions faites en temps de peste ou de maladie contagieuse sont régies par les art. 985 à 987;

3° Les formalités pour les testaments faits en mer, par les art. 988 à 998;

4° Les règles à observer pour les testaments faits à l'étranger sont contenues dans les art. 999 à 1000.

Aux termes de l'art. 999, le Français qui se trouve à l'étranger peut tester dans la forme de l'art. 970, c'est-à-dire faire un testament olographe, ou par acte authentique avec les formes usitées dans le lieu où cet acte sera passé. Est-ce à dire que le Français ne peut manifester ses volontés que dans la forme authentique? qu'il ne pourra tester dans les formes privées du pays? Ici, trois opinions sont en présence :

Première opinion. — Le testament fait à l'étranger ne peut être dressé que par un officier public étranger, argument tiré de ces mots : par *acte authentique.*

Deuxième opinion. — L'authenticité est nécessaire, mais non la drésence d'un officier public, la loi étrangère pouvant se contenter d'un certain nombre de témoins.

Troisième opinion. Dans ce système, on pense que les formes suivies à l'étranger sont dans tous les cas à la disposition du Français.— *Locus regit actum*.

C'est le second système que la Cour de cassation a adopté. (3 juillet 1854.)

Quoi qu'il en soit, le testament est certainement valable quelque long que soit le temps qui s'est écoulé depuis qu'il a été passé. Mais, à l'époque du décès, il doit être enregistré, soit au domicile du testateur, s'il en a conservé un en France, soit à son dernier domicile. Si le testament, en outre, dispose d'immeubles sis en France, il doit être enregistré, sans double droit, au bureau de la situation de ces immeubles.

Ainsi est terminée l'étude de la forme des donations et testaments.

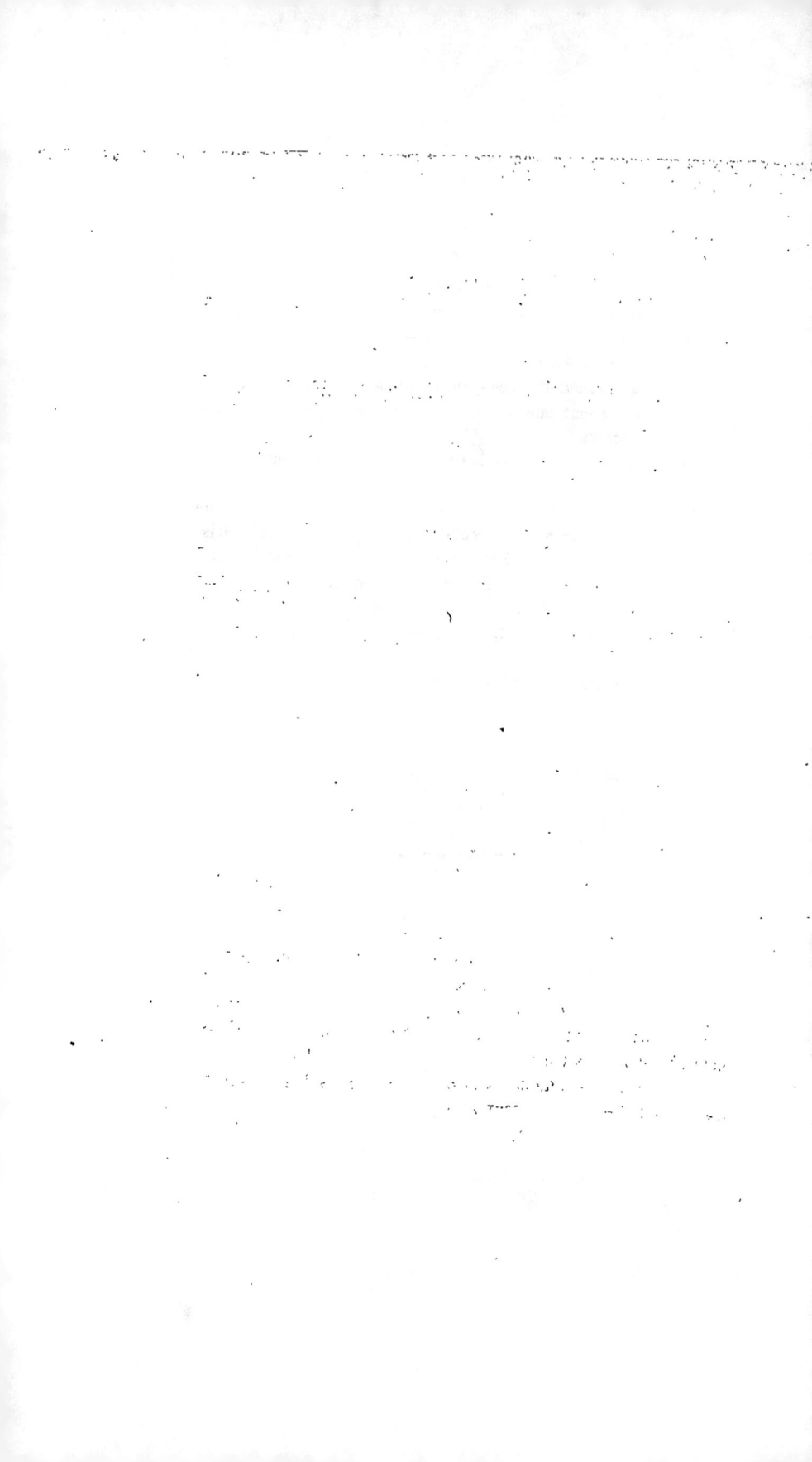

QUESTIONS CONTROVERSÉES.

—◦◦◦◦—

DROIT ROMAIN.

I. — An justæ nuptiæ solo consensu vel traditione perficiantur ? — Solo consensu.

II. — Quæ sit stillicidii vel fluminis non recipiendi servitus ?

DROIT FRANÇAIS.

CODE CIVIL.

I. — Quelle est l'étendue du privilége du bailleur muni d'un bail sous seing privé ? — Il a droit au paiement de toutes les années échues, de l'année courante, et d'une année à partir de l'expiration de l'année courante.

II. — L'étranger qui réside en France jouit non-seulement des droits que la loi lui accorde, mais encore de tous les droits civils, à l'exception de ceux que la loi lui retire expressément.

III. — Le mari doit-il récompense à la communauté pour les dommages-intérêts, conséquence de ses délits ?

IV. — Un acte sous seing privé exprimant révocation d'un testament, mais ne contenant aucune disposition de biens, suffirait-il pour révoquer ce testament ?

V. — Les héritiers du donateur peuvent-ils opposer le défaut de transcription ? — Ils ne le peuvent pas.

7

VI. — Un billet conçu en ces termes : « Je paierai..., je promets de payer..., etc., » est valable et peut faire preuve en justice, conformément à l'art. 1132.

DROIT ADMINISTRATIF.

VII. — Doit-on considérer comme soumise à l'accomplissement des conditions et formalités édictées par la loi du 15 mars 1850, la maison dans laquelle des jeunes gens sont reçus, nourris, et soumis en commun à des règles de discipline, alors qu'ils suivent les cours d'instruction d'un autre établissement?

DROIT COMMERCIAL.

VIII. — Lorsque, pendant l'existence d'une société commerciale, un partage partiel de l'actif a attribué à l'un des associés un immeuble précédemment acquis par la société, l'hypothèque légale de la femme de cet associé grève-t-elle l'immeuble dans le cas où le mariage a eu lieu après l'acquisition de l'immeuble par la société et avant son attribution au mari?

DROIT CRIMINEL.

IX. — Lorsqu'une femme poursuivie pour délit d'adultère oppose une exception préjudicielle, tirée de la nullité de son mariage, le tribunal correctionnel est-il tenu de surseoir jusqu'à ce que la question de nullité du mariage ait été résolue?

A. ROUËNEL.

Vu pour l'impression :
Le Doyen :
Ed. BODIN.

Rennes, imp. et librairie T. Hauvespre, rue Nationale, 4, et rue de Viarmes, 15.

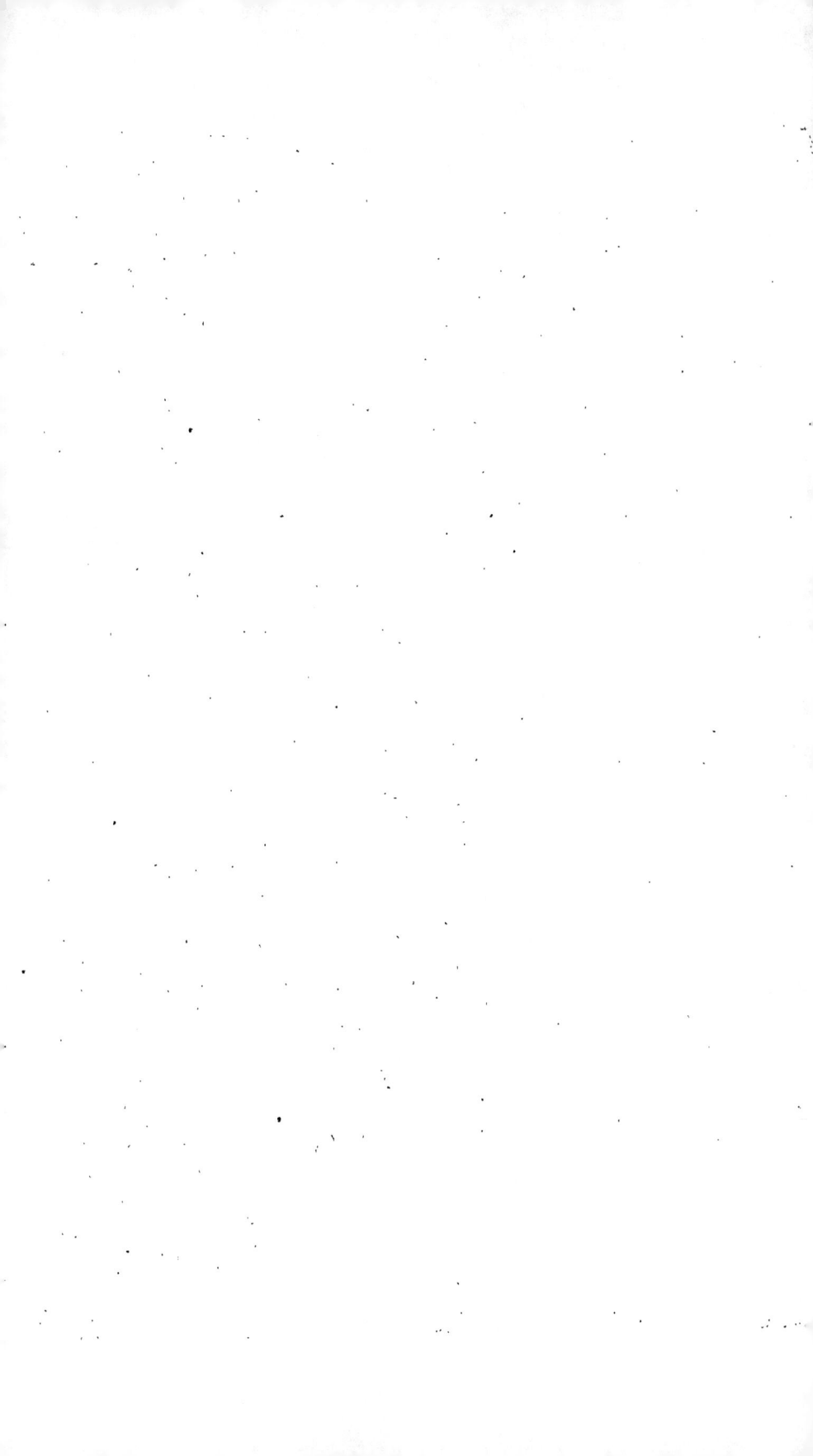

www.ingramcontent.com/pod-product-compliance
Lightning Source LLC
Chambersburg PA
CBHW071755200326
41520CB00013BA/3269